Von Krämerseelen und Seemakrelen

Gerd Geiser, 1949 in Beckum geboren, unterhält seit längerem auf Niedersachsens Kleinkunstbühnen das Publikum mit kuriosen Kurzgeschichten und skurrilen Gedichten. Nun liegt auf vielfachen Wunsch der 1. Gedichtband von ihm vor.

Sarah Wedell, geboren in Berlin, ist ausgebildete Mediendesignerin und lebt nach wie vor in dieser pulsierenden Stadt. Mit schwungvollem Stift zeichnete sie die ausdruckstarken Illustrationen für diesen Gedichtband.

Von Krämerseelen und Seemakrelen

Gedichte zum Vor- und Nachlesen

von Gerd Geiser

© 2004 Thorsten Lubinski

Autor: Gerd Geiser

Gestaltung: Sarah Wedell

Redaktion: Janna Geiser

Herstellung und Verlag: Books on Demand GmbH, Norderstedt

ISBN: 3-8334-1396-4

Inhaltsverzeichnis

Vorwort

Liebe Leserin, lieber Leser,

schön, dass Sie der Erheiterung über das Groteske dieser Welt bedürfen und für das Schöne hinter dem täglich Absurden empfänglich sind.

Steigen Sie ein ins Boot, und rudern Sie mit mir dem Schrägen und Baren hinterher, bevor am Ende wieder alles ganz anders ist.

Ihr Gerd Geiser

Für Maria, meine Muse

MENSCHLICHES

Hütchenspieler

Ein Hütchenspieler ging von dannen,
man pflanzte auf sein Grab 3 Tannen
und setzte in memoriam
3 Steine auf die Gruft sodann.

Die Tannen wuchsen des Reimes wegen,
die Totensteine, sie regten dagegen
all jene, die kamen, zum Nachdenken an
und zogen die Trauernden in ihren Bann.

Stets treu sich selbst und seinem Motto,
das Leben ist ein großes Lotto,
ein Glücksspiel mit Gewinn und Nieten,
spielt er post mortem noch mit Hüten.

Er hatte auf einer der letzten Feten
die folgenden Inschriften sich erbeten:
„Wenn ich einst nehme meinen Hut,"
so sagte er, „dann seid so gut

und schreibt auf Grabstein 1:

Es ruht an diesem stillen Ort
ein Hütchenspieler ab sofort.
Direkt hier unterm Steine
liegen seine Gebeine.

Auf Grabstein 2 so schreibt ihr mir:
Oder liegt er vielleicht hier?
Und auf den dritten, meine Bitte:
Links oder rechts? – Oder doch in der Mitte?"

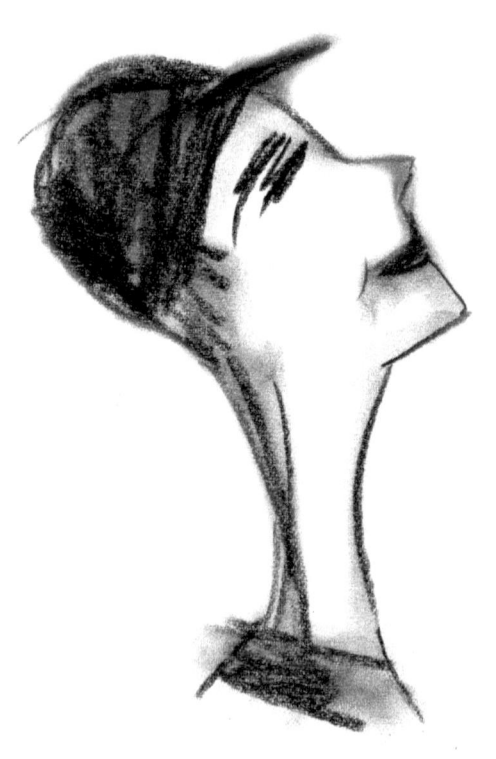

Fahrernasen

Wenn Porschefahrer rasen,

tragen sie ihre Nasen

ein wenig himmelwärts gerichtet,

wodurch der Eindruck sich verdichtet,

der Porsche fahrende Zeitgenosse

wähne sich auf hohem Rosse.

Ich bitte um Auszeit und möchte Sie fragen,

wie soll ein Mensch sitzen in einem Wagen,

der tiefer gelegt ist und dessen Höhe

nicht weiter reicht als in Stoßstangennähe

des Fahrzeugs, das vorne den Weg ihm versperrt?

Eine andere Kopfhaltung wär' wohl verkehrt.

Warum er nun aber Nachahmer fand

in Fahrern, die ähnlich sich positionieren,

obwohl sie weit höhere Autos chauffieren? (*)

Dem Autor ist dies nicht näher bekannt.

(*) Ich denk an die Fahrer der Oberklasse

und nicht so sehr an die breite Masse.

Einen Euro, bitte

Es stehen vor dem Supermarkt
in Reih und Glied stramm eingeparkt
Wagen, Wagen, Wagen.

Drahtgestelle auf vier Rollen,
die beim Einkauf helfen sollen.

Fehlt der Euro, fehlt die Mark,
heißt das jetzt vorm Wagenpark
fragen, fragen, fragen.

Etwa nach 10 Fehlversuchen
bleibt dir nichts als laut zu fluchen.

Du betrittst den Warentempel,
und du musst den ganzen Krempel
tragen, tragen, tragen.

Vier Sterne

Auf Herz und Nieren prüfte man
die Raststätten der Autobahn.
Jeden Platz von Ost bis West
unterzog man diesem Test.
Punkte gab's für Wickeltische,
für die Frauenparkplatznische,
für ein nettes Personal,
Abzug, wenn das Bier war schal.
In den Übernachtungsbetten,
im Salat, auf den Toiletten
suchte man nach Krankheitsviren.
Wie gesagt, auf Herz und Nieren
war die Prüfung angelegt,
vom AvD so angeregt.

Und es fiel die 1. Wahl
auf das Rasthaus Freudenthal:

Alles im Lot und nichts aus der Waage,
bemängelt allein wurd' die laute Lage.

Schlagerspiel

Im Stadion das Flutlicht,

das tut's und tut's und tut's nicht.

Totaler Stromausfall.

Wie soll man spielen Ball?

Da kriegen die Akteure

jeder eine Möhre.

Auch der Schwarze Mann

jetzt besser sehen kann.

Der Lautsprecher spielt Lieder,

die gehen in die Glieder,

so dass das Publikum

nicht länger sitzt dumm rum.

Gleich fängt es an zu schunkeln.

Der Spielstand bleibt im Dunkeln.

Wettervorhersage

Es zündet der Indianersmann

auf dem Berg ein Feuer an,

und er formt nach altem Brauch

Zeichen aus dem Feuerrauch.

Nun, warum ich dies erwähne?

Parallel zu dieser Szene

spaltet Holz der Trapper Hucky

für den Winter in Kentucky.

Trapper Hucky sieht die Zeichen,

die dem Feuerhorst entweichen,

und er liest zu seinem Kummer:

„Winter wird 'ne harte Nummer."

Gut, denkt Hucky sich, was soll's,

mach ich eben tüchtig Holz.

Und er stapelt Scheit um Scheit

vor der Hütte Außenkleid.

So ein alter Indianer

taugt nicht schlecht als Winterplaner,

sitzt am Pulsschlag der Natur,

hält das Leben in der Spur.

Hucky, der sich fertig glaubt,

sieht, wie neuer Rauch sich schraubt

höher als des Adlers Horst.

Rothaut neue Nachricht morst:

„Korrektur. Ich sehe Not.

Winter hart wie Trapperkot."

Hucky greift zum Eisenkeil

und hackt Holz mit seinem Beil.

Doch der Indi da am Feuer

ist ihm nicht mehr ganz geheuer.

Hucky ruft zum Berg hinauf:

„Rothaut, sag, wie kommst du drauf,

dass der Winter dieses Jahr

kalt wird, wie noch nie er war?"

Klare Antwort, kurze Rede:

„Weißer Mann hackt Holz wie blöde."

Kartographie

Vor etwa einhundert Jahren
begann das Auto zu fahren.

Und was die Automobilisten,
schon bald in großer Zahl,
am sehnlichsten vermissten
war Kartenmaterial.

Es fehlte für die Familienausflüge
der Ausdruck entsprechender Straßenzüge.

In England entstand so um 1900
die erste Karte, spiegelverkehrt,
doch niemand war darüber verwundert.
Der Irrtum hat keinen wirklich gestört.

So fährt der Engländer bis heute
noch immer auf der linken Seite.

Schlussverkauf

Auf dem Grabbeltisch bei Horten

oder auch an andern Orten

kann ich meinem Hobby frönen.

So ein Grabbeltisch voll Waren

lockt den Kunden, und in Scharen

sucht er nach dem Schönen.

Stöbert in den Angeboten,

und mit seinen Grabbelpfoten

bringt er mich zum Stöhnen.

Denn ich liege ohne Hemd

mittendrin im Sortiment

und lasse mich verwöhnen.

Phobien

Gegen die möglichen Risiken bei

verschreibungspflichtiger Arznei

setzt als geeignetes Mittel

der Arzt auf seinen weißen Kittel.

Die Farbe Weiß signalisiert:

Hier ist noch nie etwas passiert.

Der Beipackzettel bezieht sich nur

auf die Brisanz der Drogenmixtur,

die Warnungshinweise äußern sich leider

nicht zur Wirkung besagter Kleider.

Und hast du noch Fragen, dann schließt den Kreis

dein Apotheker. Ganz in weiß.

Börsenbarometer

Es investierte seine Knete

ein Mensch in Aktien-Pakete.

Des Vorgangs tieferer Sinn

lag in der Hoffnung auf Gewinn.

Jedoch für seine Stückelung

verlief die Kursentwickelung

mit wachsender Beschleunigung

in Richtung Kursbereinigung.

Verlustausschüttung statt satter Rendite,

statt Hauptgewinn die fette Niete.

Von den verbliebenen 30 Mark(*)

besucht er nun den Heidepark

und fühlt der Aktie auf den Zahn

in Deutschlands größter Achterbahn.

(*) ca. 15 Euro

Pensionsansprüche

Zu lange schon war es sein Job,

als Himmelsportier zu entscheiden ob

die irdische Seele, die da vor ihn trat

und höflich um Einlass ins Himmelsreich bat,

es wert war, fortan im Licht

weiter zu leben, oder ob nicht.

Stets wehte der Wind in den schwindelnden Lüften,

in seinem Hemd war ihm kalt um die Hüften.

So sah man ihn oft unterm Heiligenschein

treten von einem aufs andere Bein.

Petrus, ihn plagte die Gicht,

und ein Nachfolger war nicht in Sicht.

Er beantragte Rente,

die man ihm gönnte,

und so ging er denn ein

in den himmlischen Hain.

Versiegelt ist nun das Tor,

und kommst du nach oben und stehst du davor,

ein Schild dich belehrt,

lies und mach kehrt:

„Liebe Leute, nehmt's nicht krumm,

wir schließen das Elysium.

Petrus ist jetzt in Pension.

Gezeichnet: Gott und Gottes Sohn."

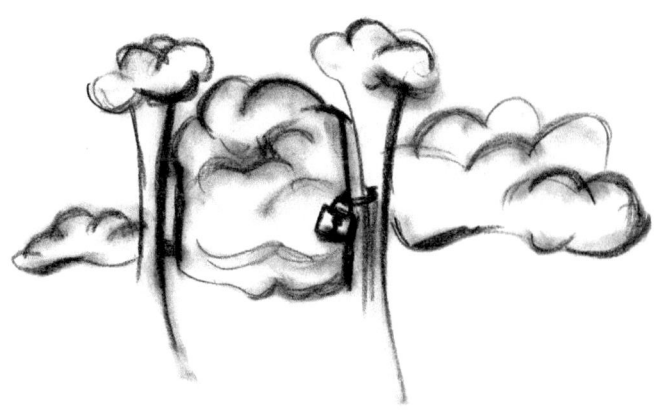

Meyer und Sohn

Die Firma Meyer und Sohn,
sie existierte nun schon
in der 3. Generation.

Doch Meyers Sohn mit 20 Lenzen
war oft der Grund für Differenzen.
Da sprach Herr Meyer senior:
„Dem schieb ich einen Riegel vor."
Er zahlte seinen Sprössling aus
und ließ sich klonen, eiderdaus.
So gab es bald zwei von seiner Sorte,
dank sei Gott und der Retorte.
Meyers Double sich orientierte
stets an dem, was Eintracht schürte.
Vorbei die Zeit der Diskrepanz
dank Meyer 2, dem Firmenschranz.

Ein Letztes noch zur Information:
Besagte Firma Meyer und Sohn
nannte sich um in Meyer und Klon.

Fundsache

Im Ulmengrund

die Freundesrund

sitzt Stund um Stund,

und Kunigund,

so wohl gerund,

so urgesund,

tut Sigmund kund:

„Ich sitz mir wund

und blau und bunt

den Hintern." Grund:

Das Schloss unterm Bund

vorm Honigmund

sie schrecklich schund.

Doch Siegesmund,

der blöde Hund,

den Schlüsselbund

nicht wieder fund.

TIERISCHES

Puppenspieler

Sein größter Wunsch von vielen

war eine Puppe zum Spielen.

„Warte Kind, bis du ein Falter",

hörte er im Raupenalter.

„Lass dir sagen, es liegen die Dinge

etwas anders für Schmetterlinge.

Dein größter Wunsch wird dir erfüllt,

wenn du dich zweimal hast enthüllt."

Heute, nach zwei Metamorphosen,

umflattert er die Sommerrosen,

und manchmal, wenn ihm alles schnuppe,

spielt selig er mit seiner Puppe.

Käferliebe

Dem Käfer stand der Käfersinn

nach einer flotten Käferin.

Seinen Wunsch er inserierte

via Käfer-Illustrierte.

„Bin allein. Das macht mir Kummer.

Suche dich. Wo bist du Brummer?

Komm zu mir. Ich hab 6 Beine

dich zu krabbeln. Liebe Heine,

mag auch Rosen, Mohn und Nelken.

Möchte mit dir Läuse melken

und bei einem Schäferstündchen

küssen dir dein Käfermündchen.

Bade dich Insekt,

bis die Wanne leckt."

Marie hieß sie. Im roten Kleide

war sie eine Augenweide.

Schwarz getupfte Flügelschöße

gaben ihr Format und Größe.

Und so etwa nach 2 Wochen

hat sie ihm aufs Band gesprochen.

Doch da gab's ihn schon nicht mehr,

denn er war ein Maikäfer.

Petermensch

Ein Petermännchen so vor sich sann,

während es im Wasser schwamm:

„Noch bin ich ein Männchen, doch irgendwann

bin ich ein richtiger Petermann."

Und da eines Tages, man sah es genau,

wurd's Petermännchen zur Peterfrau.

Zeitansage

Der Kuckuck lebt auf Bäumen

und in geschloss'nen Räumen.

Er liebt das Leben in der Natur,

er ruft im Wald, er ruft in der Flur,

und manchmal ruft er auch aus der Uhr.

Sportgefieder

Der Pfau in seiner Eitelkeit
begutachtet sein Pfauenkleid.
Da spricht zu ihm die eig'ne Frau:
„Du bist zu fett, mein lieber Pfau.
In deiner bunten Federhülle
gärt zu viel an Leibesfülle."

Der Pfau ob so viel Offenheit
errötet unterm Federkleid,
fasst den Entschluss, der Speck muss weg,
und als probates Mittel zum Zweck
und um sich nicht zu viel zu plagen,
hebt an er heftig Rad zu schlagen.

Die Effizienz dieser Bodenübung
unterlag einer leichten Trübung.

Bärenmiete

Der Bär besitzt ein dickes Fell,

doch wenn der Winter naht

ist Meister Petz stets potentiell

ein Höhlen-Mieter-Kandidat.

Da hat für seine Wohnungsnot

der Makler Link ein Angebot.

Einraumhöhle, mitten im Wald.

Achthundertfünfzig. Plus Mehrwert. Eiskalt.

Die Miete ist für ein halbes Jahr

im voraus fällig, natürlich in bar.

Schlau nimmt der Bär die Winterklause

erst einmal in Augenschein,

fühlt sich in ihr gleich zuhause,

legt sich hin und schläft prompt ein.

Die Unterschrift auf dem Mietformular

muss warten bis zum nächsten Jahr.

Vogeljugend

Ein junger Zeisig voll Tatendrang

zum ersten Mal im Leben sprang.

Er sprang von Ast zu Ast. –

Nun gut, nicht ganz, aber fast.

Im Fallen noch hört er Mutters mahnende Worte.

Zum Glück war's ein Ast der niedrigen Sorte.

Zählkunst

Der Tausendfüßler könnt' sich besaufen,

für ihn ist der Tag mal wieder gelaufen.

Auch er schläft des Nachts ja im Bette liegend,

und wenn in der Früh er dann überwiegend

die linken Füße als erste raus setzt,

ist für den Rest des Tag's er vergrätzt.

So lernt er jetzt zählen bis fünfhunderteins,

damit, wenn er aufsteht, nun wirklich auch keins

seiner linken Beine zu früh wird betätigt. −

Er sieht sich durch erste Erfolge bestätigt.

Holzarbeiten

War'n Holzarbeiten angesagt,

wurde gerne nachgefragt

die Unterwassertischlerei

Sägefisch und Hammerhai.

Sie waren dort unten in der Nässe

für Holzaufträge die erste Adresse.

Nun kamen zu ihnen zwei Miesmuscheln,

die fanden es mies, im Kies zu kuscheln,

sie wünschten sich eine Muschelbank

mit Lehne, seitlich und hinten entlang.

Ein Wasserbett, das hatten sie schon,

das gab es reichlich in der Region.

Sägefisch und Hammerhai

schufen eine Bank für zwei.

Ein Schmuckstück wurd's, und seit den Tagen,

so hörte man den Kabeljau sagen,

lauschten des Abends auf ihrer Bank

zwei kuschelnde Muscheln dem Walgesang.

Totentanz

Auch wenn es unglaublich klingt

und dies Gedicht ein wenig hinkt,

es ist der Frosch, dem es gelingt,

in Tümpeln und in Teichen

zu schaffen Seinesgleichen

mit weiter nichts als Laichen.

Zeitgewinn

Es kriecht die Schlange, denn Beine

hat sie nun mal keine.

Es denkt der Mensch in seiner Art:

„Dich hat der Schöpfer wohl genarrt.

Das dauert doch viel zu lange." -

Er selber steht jetzt Schlange.

Straußenlogik

Wird dem Strauße bange,
versteckt er seinen Kopf im Sand.
Da zögert er nicht lange,
der Vorgang ist soweit bekannt.

Nun fragt man sich, was soll das Ganze?
Ist er blöd, der Vogel Strauß?
Ahnt er nicht, dass bis zum Schwanze
alles and're guckt noch raus?

Weit gefehlt, denn untertage
trifft er einen Maulwurf stets.
Der begrüßt ihn mit der Frage:
„Na, mein Freund, wie geht's?

Ging's dir gut, wärst du nicht hier,
was schnürt dir deine Kehle?
Sprich dich aus, denn außer mir
hört's keine Menschenseele."

Der Strauß erzählt ihm dann den Grund,

warum er weggelaufen.

Der Maulwurf ist erleichtert und

macht einen großen Haufen.

Bienenmisere

Die Biene, die nach Honig sucht,
hat ihren Job schon oft verflucht.

35 Stunden Plage,
nicht pro Woche, nein, am Tage,
machen ihr das Leben schwer.
Nichts ist's mit Geschlechtsverkehr,
nur ora et labora,
ein Leben für die Flora.

Bienchen ist 'ne arme Socke,
abends geht sie krumm am Stocke.

Wenn im Herbst das Glas gefüllt,
ist ihr Sammeldrang gestillt.
Doch nun kommt zu guter Letzt
das, was stets am meisten ätzt:
Es bereitet ihr Verdruss
des Honigglases Schraubverschluss.

Der Madenwurm

In einer reifen Pflaume
hoch oben im Pflaumenbaume
saß einmal ein Wurm.
Von Westen blies ein Sturm.

Im hohl gebohrten Gang
der Wurm mit Pflaume schwang
im Takt der peitschenden Böen
dort in des Baumes luftigen Höhen.

Die Made wurmt es sehr,
dass sie schwingt hin und her,
dass es vorbei mit ruhigem Schmaus,
und sie beschließt: „Ich zieh hier aus!"

Es seilt sich ab an seinem Faden
der Wurm nach Art der Pflaumenmaden,
und er erreicht fidel und munter
die neue Frucht ein Stockwerk drunter.

Der Sturm flaut ab, der Lärm sich legt,
der Wurm sich in die Pflaume sägt.
Und fragst du ihn, was ihn getrieben,
warum er nicht zuhaus' geblieben,

dann nennt er dir mit vollem Mund,
und hör gut zu, den wahren Grund:
„Wird's garstig", sagt er, „zuckt die Wade.
Bin nicht nur Wurm, bin auch Nomade."

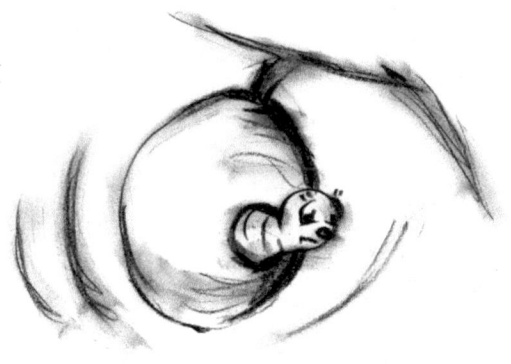

Siegen lernen

Willst du wissen, was siegen heißt,

kannst du vom Haifisch lernen.

Wenn er sich in deinem Bein festbeißt,

ist er nur schwer zu entfernen.

Spatzensehnsucht

Der Spatz in einer Hand gehalten

kann sich wahrlich nicht entfalten,

hör sein Weh und Ach.

Und er schaut, ich glaube,

sehnsuchtsvoll zur Taube,

zur Taube auf dem Dach.

Erinnerungen eines alten Bibers

Wenn der alte Biber sprach
von früher und von Biberach,
wo er als junger Biberich
in manche Maid verliebte sich,

war's ihm, als sei es Gegenwart,
dass er sich paart und wieder paart
mit ach so mancher Biberfrau
nach Biberart im Biberbau.

Und er denkt an Bibernellchen,
im Biberpelz zwei Biberbällchen
nannte sie ihr eigen,
war'n so süß wie Feigen.

Doch Nelly, sie verkaufte sich,
und er, er weinte bitterlich,
als er's erfahren hatte.
Oh Nelly du, du Ratte.

Du hast gesagt, du liebst nur mich
und gehst doch auf den Biberstrich.
Hol' mir von nun an, was ich brauch,
von deinesgleichen. Du mich auch!

Dann trinkt er leer sein Biberbier,
und morgen sitzt er wieder hier.
Ja, wenn der alte Biber spricht,
ist's mehr als nur ein Bibericht.

Tierische Politik

In Afrika, da gab's ein Tier,

das war dagegen, nie dafür.

Ob es nun stand, ob es nun lief,

stets war es kontraproduktiv.

Löwen, Tiger, Elefanten

nannten es den Querulanten.

Fragte man dies Tier, weswegen

es bei allem sei dagegen,

warf es diesen Satz dir hin:

„Weil ich Antilope bin!"

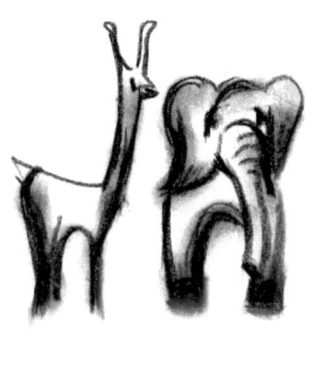

Froschgesang

Es sitzt auf seiner Insel

ein kleiner Einfaltspinsel,

ein Frosch der Gattung Laub,

ich glaub.

Er springt und frisst und schwimmt und taucht,

hat alles, was ein Frosch so braucht.

Drum jeder, der ihn sieht, sich fragt,

warum er dennoch quakt und quakt.

Manteltarif

Es zieht der Mantelpavian

lasziv sich seinen Mantel an,

darunter ist er nackt.

Und wenn die Lust ihn packt,

dann zieht er ihn sich wieder aus

bei Hagenbecks im Affenhaus.

Dafür gibt's nun seit einigen Wochen,

wie mit der Affengewerkschaft besprochen,

laut neuem Mantel-Tarifvertrag

eine Banane extra pro Tag.

Discoabend

Rosa heißt die Sau im Koben,

hinten ist ihr Schanz gehoben.

Heute hat die Rosa Schwein,

denn sie bleibt nicht lang allein.

Es ist auf halbem Wege schon

der Eber von der Deckstation,

will sich mit ihr vermählen,

Bald kann man Ferkel zählen.

Man sieht, es ist im Schweinestall

wie anderswo und überall.

NATÜRLICHES

Moorfahrten

Gefährlich war's früher, durchs Moor zu geh'n,

frag nur die Birken, sie haben geseh'n

wie mancher Versuch, hier Fuß zu fassen,

jählings gescheitert. – Entsetzen! Erblassen!

Der Boden war einfach zu feucht und zu weich.

Die Birken sind heute noch kreidebleich.

Dichtung

Espen, Buchen, Eiben, Fichten

lassen sich gar schön bedichten.

Doch erst wenn die Wanne leckt,

zeigt sich, was im Dichter steckt.

Dichtung kriegt erst dann Gewicht,

wenn die Wanne wieder dicht.

Schattentanz

Zwei Schatten wählten zu Übungszwecken
sich eine weiße Nebelwand.
Hier konnten sie ohne anzuecken
huschen üben, Hand in Hand
mit ihren Gegenübern,
den Grafen von Drunter und Drübern.

Die Zeit wälzt sich gen viere schon,
die Schatten huschen leicht dissynchron.
Zwar nimmt es der Nebel nicht allzu genau,
doch den Grafen, die's merken, wird zunehmend flau.
Beklemmung bohrt ihre stumpfe Nadel
in die Brüste der Herren von Adel.

Das fahle Licht der Laternenbirnen
rührt Ängste auf in ihren Gehirnen.
Panik pocht hinter Windungsritzen,
sie, die doch geh'n, seh'n Schatten, die sitzen.
Auf wabernder Bank vor nebliger Wand
halten die Schatten sich innig die Hand.

Zuviel ist zuviel! Wo hochnäsig Tadel

üblicherweise dem niedrigen Adel

ausreicht, um Missmut zu artikulieren,

hier musste etwas and'res passieren.

Gezogen den Gehstock! Es flattern die Schöße,

der niedrige Adel zeigt innere Größe.

So stürmt man im Laufschritt, die Krücke zur Hand,

die Stellung des Feindes vor nebliger Wand.

Und auch die Schatten sich heftig bewegen,

für den Moment halten voll sie dagegen.

Doch als die Bank diesem Ansturm gewichen,

hatten die Schatten davon sich geschlichen.

Denn: Droht einem Schatten mal Ungemach,

gibt er, weil klüger, dem ander'n stets nach.

Herbstzeitlos

An den Birken, Buchen, Eichen

hängen braune Blätterleichen,

blinkt ein bunter Blätterreigen

aus den Ästen, von den Zweigen.

Fall'n die Blätter von den Bäumen,

sind sie schleunigst weg zu räumen,

da es sonst passieren kann,

dass der ganze Blättersegen rüberweht zum

Nachbarsmann.

Nachbarsmann dann meinetwegen

fegen müsste, nichts dagegen,

nur die gute Nachbarschaft

wäre so wohl abgeschafft.

Und deswegen holt die Besen,

altes Laub wird aufgelesen,

wird entsorgt flugs Blatt für Blatt

trotz des Urlaubs, den man hat.

Alle Jahre wieder

Es blinken im Sonnenlichte
des Kirschenbaums süßeste Früchte,
dunkelrot reif und so dick und so prall,
überall. – Überall?

Zwar ist der Kirschbaum so randvoll wie nie,
doch eben nur dort an der Peripherie.
Von seinem erklommenen Platz im Geäst
nicht eine Kirsche sich greifen lässt.

Auch die zur Hilfe genommene Leiter
bringt ihn nicht näher, sie bringt ihn nur weiter.
Er steht auf den Sprossen und rudert im Baum,
derweil sich die Kirschen wiegen am Saum.

Er hatte es fast schon vergessen:
Auch dies' Jahr ist wieder schlecht Kirschen essen.

NEBENSÄCHLICHES

Glaubensfrage

Der Osterhase legt zum Fest

Ostereier in das Nest.

Und es ist schon allerhand,

er legt auch Eier aus Krokant,

aus Marzipan

in Zellophan,

aus Zuckerschaum, mit süßem Likör.

Dem Osterhas' ist nichts zu schwör.

Der Hase ist der einz'ge Mann,

der Ostern Eier legen kann,

bunte Eier, die versteckt

nicht ein jeder gleich entdeckt.

Der Hase kann selbst Hasen legen,

und es spricht auch nichts dagegen,

dass er mir als größte Tat

ein Dreirad einst geleget hat.

Das hab ich tatsächlich einmal geglaubt.

Schade, dass es mir nicht mehr erlaubt.

Beschrankung

Es schloss die Schrank
den Übergang,
den Übergang der Bahn.

Zu breit der Gang,
zu kurz die Schrank,
man hatte sich vertan.

Bis es jemandem dämmerte,
und er ein E dran hämmerte.

Lebensphilosophie

Es sprach ein kleiner Furz:
„Das Leben ist zu kurz."
Es komprimierte diesen Satz
der kleine Furz mit viel Rabatz
zu einem einz'gen Ton.
Ja und das war's auch schon.

Fröhliche Weihnachten

Man sieht den Weihnachtsmann inmitten
der Sterne fahr'n in seinem Schlitten.
Der Niklaustag, der ist ihm heilig,
wie jedes Jahr hat er es eilig.
Seinen Schlitten voller Plunder,
grenzt es fast schon an ein Wunder,
dass er die gesamte Fracht
innerhalb nur einer Nacht
zustellt all den Adressaten,
die um ein Geschenk ihn baten.
Vorn von 16 Rentierhufen
angetrieben, glüh'n die Kufen.
Sternenfunken mächtig stieben,
die Milchstrasse wird abgerieben.
Dort wo 30 km/h
maximal erlaubt sind, da,
in der Straße von Frau Holle
blitzt ihn die Radarkontrolle.
Raumpatrouille Enterprise
winkt ihn raus. Der Preis ist heiß.

Rentierhufe kein Profil,

Deichselkupplung zu viel Spiel,

Schlitten völlig überladen,

in den Holmen Holzwurmmaden.

Wenn er wenigstens noch hätte

eine gült'ge TÜV-Plakette.

Nichts ist so, wie's vorgeschrieben,

Lappen weg auf Wolke sieben.

Nikolaus zu Fuß sich macht

auf nach Hause. Stille Nacht.

Zornig stößt er mit den Beinchen

gegen Sternenschnuppensteinchen.

Schlitten zog man auf den Mars.

Oh du fröhliche. Das war's.

Pferdetransport

Ein Sattelschlepper hat als Fracht
gar edle Pferde. Er gibt acht,
dass er das teure Reitgetier
bringt sattelfest zum Reitturnier.
Dass hier ein Sattel Pferde trägt,
ein wenig am Verstande sägt.

Badekappen

Dschalalabad

ein Hallenbad hat,

das neue Dschalalabad – Bad.

Jetzt kann man anstatt

in Islamabad

im Dschalalabad – Bad baden.

Kopftücher gibt's im Hallenbad – Laden.

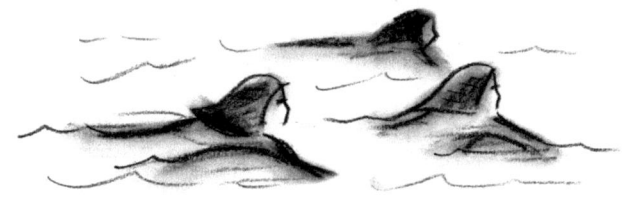

Zum guten Schluss

Ein Nebensatz in Klammern
hub an, gar laut zu jammern.
Alle Sätze um ihn her
waren so bedeutungsschwer.

Nur ihm ging ab das weite Kleid
der schwangeren Bedeutsamkeit.
Zum Untersätzchen eingeschränkt
fühlte er sich tief gekränkt.

Doch sind's nicht oft die Kleinigkeiten,
die den Blick fürs Ganze weiten,
die entscheidend dazu führen,
dass die Dinge uns berühren?

Sein Kummer war alsbald gewichen. –
Da wurd er gänzlich durchgestrichen.